COMPTE

RENDU

AU DIRECTOIRE EXÉCUTIF

PAR

LE MINISTRE DES FINANCES,

Sur l'Administration de son département pendant l'an 5.

Citoyens Directeurs,

La situation des finances pendant l'an 5 fixera nécessairement l'attention de tous ceux qui écriront l'histoire des premières années de la République, parce qu'elle se trouve si intimement liée aux événemens de cette même date, qu'il me serait presque impossible de ne pas les rappeler, si les circonstances me mettaient à même de rendre le compte général des recettes et des dépenses de cet exercice. Un délai de vingt-un mois après son expiration, ne suffit pas encore pour en régler toutes les parties. La continuation des hostilités n'a pas permis de rassembler tous les états qu'il faudrait avoir pour rendre un véritable compte ; le défaut de fonds pour tout solder fait que les créanciers ne pressent pas leur liquidation, et que, par conséquent, les dépenses ne sont pas encore toutes

A

reconnues. Cependant le Corps législatif desire que cette partie de l'administration acquière la publicité que la Constitution veut qu'on lui donne : je ne puis répondre à cette demande qu'en présentant l'état des recettes et des dépenses effectuées. Le travail ne pourra être achevé que par des supplémens successifs qu'on y ajoutera chaque année, jusqu'à ce que tout ce qui appartient à cet exercice soit recouvré, jusqu'à ce que tout ce qui est dû soit payé. Ces deux conditions sont un préalable à la reddition d'un compte complet ; et personne n'ignore qu'au milieu des difficultés qu'on a eues à vaincre, il a été impossible de les remplir.

Si la bonté d'un système quelconque de finance se démontrait par le nombre des lois rendues pour le former, celui de l'an 5 pourrait être désigné comme le meilleur ; on pourrait en citer, dans son développement, quatre-vingt-douze, et un nombre presque égal d'arrêtés. Mais lorsque l'expérience prouve qu'en cette matière, comme dans les autres parties de la législation, la multiplicité des lois est un signe certain de leur insuffisance, et qu'elle embarrasse plutôt qu'elle n'aide l'action salutaire de l'administration, je crois prendre le parti le plus convenable, en rappelant votre attention sur les principales déterminations qui ont servi de base à l'ensemble.

C'est pendant l'an 5 que le papier-monnaie, arrivé au *maximum* de son discrédit, a cessé d'avoir cours en France ; son retirement a été fait sans secousse ni intérieure, ni extérieure.

On avait réglé les dépenses de l'an 4 (on ne pourra pas leur donner le nom d'*exercice*) par des crédits demandés et accordés à mesure que les circonstances l'exigeaient : les événemens de la guerre et la dépréciation du signe les faisaient changer tous les jours. On n'en était pas encore venu à l'idée simple d'évaluer, au commencement de l'année, les dépenses probables de chaque ordonnateur, et d'assurer les recouvremens nécessaires pour y faire face ; la facilité avec laquelle on trouvait antérieurement dans une nouvelle émission, tout ce qu'on pouvait desirer, faisait qu'on n'y avait pas même songé.

Telles sont les deux causes auxquelles il faut attribuer le grand nombre de lois rendues. On peut y joindre, sans qu'il soit nécessaire que je l'explique plus longuement, les calculs de ceux qui, desirant un nouvel ordre de choses, opposaient sans cesse ou la mauvaise volonté, ou l'inertie, aux efforts des amis de la République. Les choses en étaient au point, que dans le onzième mois de l'année on délibérait encore sur l'établissement des contributions directes, et qu'on n'avait point achevé d'arrêter les états des différens ordonnateurs.

Cependant deux mesures importantes avaient été adoptées dans les mois de vendémiaire et brumaire : par la loi du 16 vendémiaire, le Corps législatif rapporta tous les crédits ouverts antérieurement, et manifesta par ce moyen l'intention de séparer les dépenses de l'an 5 de celles des années antérieures. Si on eût eu le temps de la méditer pendant quelques jours de plus, on aurait vraisemblablement ouvert, par le même acte, des crédits partiels aux différens ordonnnateurs ; on aurait fait les exceptions qui furent quelque temps après reconnues nécessaires ; et l'on eût évité l'inconvénient de revenir trop souvent sur le même objet. C'est néanmoins à cette détermination que l'on doit le commencement de la distinction des exercices.

Par la loi du 16 brumaire, le Corps législatif régla l'aperçu des dépenses de l'année qui commençait ; il le fit par des calculs en masse ; il adopta une distinction nécessaire, sans doute, dans l'exposé d'un système , mais qui devient d'une difficulté extrême lorsqu'on veut l'appliquer à l'exécution. On classa séparément l'ordinaire et l'extraordinaire : les dépenses ordinaires furent évaluées à 450 millions ; les dépenses extraordinaires furent estimées à 550 millions ; de manière que l'état des fonds fut porté à la somme totale d'un milliard. C'était un milliard, valeur fixe ou numéraire. On a fait, depuis lors, de grands pas vers un ordre plus économique.

Cet état de fonds ne fut ainsi évalué que par simple estimation : la distribution n'en fut pas faite en même temps entre les différens ordonnateurs ; leurs dépenses furent réglées par des lois particulières, dont la citation couperait à chaque instant ma narration , si je suivais leur ordre chronologique ; je préfère rapporter à la fin, un seul tableau, qui fera connaître le montant de chaque crédit, ce qui a été payé dans le cours de l'année, et ce qui restait dû.

On a demandé quelquefois si le règlement de l'état des fonds devait commencer par la détermination d'une somme une fois convenue, ou s'il fallait arrêter préalablement les aperçus des différens ordonnateurs. Chacune de ces opinions a eu ses partisans et ses contradicteurs ; et la question est encore indécise : ceux qui pensent qu'on peut et qu'on doit par conséquent descendre les dépenses pour les rapprocher des recettes auxquelles ils voudraient se borner, sont pour la première opinion ; ceux qui estiment que l'État doit fournir à tout ce qu'il est nécessaire de dépenser, sont pour la seconde. Ce différent sera sans danger, si chacun se rapproche du point milieu qui doit mettre en balance les recettes et les dépenses, de manière que tout ce qu'il était possible de prévoir au commencement de l'année, étant calculé, il soit établi qu'il n'y aura probablement rien à ajouter aux dépenses, ni rien de plus à faire pour rendre les recettes suffisantes.

Cet avantage n'a pas encore été obtenu, je ne crains pas de le dire ; c'est un fait ; et son importance est telle, qu'on ne doit pas le dissimuler. Il est connu de tous ceux qui ont à traiter avec le Gouvernement ; et l'expérience qu'ils font chaque année ou d'un presque arriéré, ou d'un grand retard dans les paiemens, est ce qui grossit les dépenses, nuit le plus au crédit public, ou plutôt, en empêche le rétablissement. La trésorerie nationale peut, sous ce rapport, être assimilée à une maison de banque: le négociant n'acquiert et ne soutient son crédit que par la ponctualité avec laquelle il paie ses engagemens. Le trésor public n'inspirera de la confiance et ne jouira des avantages attachés à cette opinion, qu'autant qu'il acquittera exactement ses dépenses, et qu'il sera démontré qu'en tout temps il sera à portée de le faire. Pour cela, il ne suffit plus d'annoncer qu'on rendra telle ou telle loi, qu'on adoptera telle ou telle mesure ; il est plus utile de le faire, et d'exécuter en temps opportun, de manière qu'on voie tous les recouvremens en activité au moment où les dépenses commencent.

On ne s'arrêta point, par la loi du 16 brumaire, à la simple distinction des dépenses ordinaires, qu'on appela *fixes,* et des dépenses extraordinaires ; on appliqua encore à chacune d'elles les recettes séparées : il fut statué que les dépenses fixes seraient prises en entier sur le produit des contributions. Les fonds extraordinaires furent affectés sur l'arriéré des contributions, sur le revenu des forêts nationales, et sur le produit des domaines, dont le mode d'aliénation fut changé.

Le principal de la contribution foncière fut d'abord fixé à 250 millions ; celui de la contribution personnelle à 50. On n'en régla alors ni la répartition, ni le recouvrement ; et comme l'année était déjà commencée, on ordonna l'ouverture de rôles provisoires, sur lesquels les contribuables étaient invités à se libérer par cinquième. Ce moyen était sans doute commandé par les circonstances ; mais il n'en était pas moins fâcheux, ni sur-tout pas moins embarrassant pour l'administration. Une loi subséquente, celle du 9 germinal, réduisit la contribution foncière à 240 millions, et éleva à 60 la contribution personnelle.

Il est à desirer qu'on parvienne bientôt à avoir un système de contributions directes tellement ordonné, que le Corps législatif puisse se borner, chaque année, à déclarer que la loi déjà rendue est renouvelée et aura la même exécution. Il est à desirer qu'on ait une forme de rôles tellement simple, que dix jours, ou un mois au plus, suffisent pour qu'ils soient faits partout. Sans ce préalable, il sera difficile d'exiger des agens du Gouvernement qu'ils soldent l'exercice dans l'année ; sans lui, on éprouvera toujours des retards d'autant plus funestes, qu'à la longue ils compromettent les rentrées.

La loi du 16 brumaire, affectant l'arriéré des contributions à l'acquit des dépenses extraordinaires, je donnai une nouvelle activité aux travaux que j'avais fait commencer pendant l'an 4 ; c'est par eux que j'ai obtenu, pendant le cours de l'an 5, les matériaux qui m'ont servi à dresser le premier tableau annexé au compte de l'an 6, et dans lequel on retrouve, département par département, les résultats que je vais indiquer en masse, comme il suit :

Le montant total des contributions directes établies depuis 1787 jusques et compris l'an 4, s'élève à 2,994,098,840 fr. Sur cette somme, il avait été recouvré antérieurement à l'an cinq, 2,266,359,760 fr.; et pendant l'an cinq, 528,979,378 fr.; total 2,795,539,138 fr.

Ce ne fut qu'à l'époque du 1.er vendémiaire an 6, que je parvins à connaître ce qui restait dû sur chaque exercice, ou plutôt encore sur chacune des contributions directes établies depuis 1787. Le tableau que je viens de citer, les fait connaître d'une manière d'autant plus satisfaisante pour moi et pour ceux qui m'ont secondé, qu'on m'avait porté le défi d'obtenir les résultats que j'ai publiés. Cependant la comptabilité fut montée de manière que j'ai soigneusement fait distinguer les recettes de l'arriéré, de celles qui appartenaient à l'année courante : on les trouve, les unes et les autres, sur le même tableau annexé au compte de l'an 6 ; et l'on y voit que, pendant l'an 5, il a été recouvré sur les contributions antérieures 528,979,378 fr., et sur les cinquièmes provisoires de la même année 84,498,040 fr. Je suis obligé de désigner ainsi les contri-butions directes de l'an 5, parce que l'époque retardée du mois de thermidor, à laquelle les lois qui les règlent furent rendues, n'a permis de suivre les recouvremens que sur les rôles d'à-compte.

La somme totale de ces recouvremens sur les contributions directes, s'est élevée à 613,477,418 fr. Il ne faut pas croire que tout ceci soit rentré en effectif : la loi autorisait l'admission des bons de réquisition en paiement des contributions de l'an 4.

Ce serait peut-être ici le lieu d'entrer dans l'explication des différentes valeurs admises dans les recettes de l'an 5 ; ce travail exigerait des détails qui seraient aujourd'hui sans utilité, et qui laisseraient toujours quelque chose à desirer. Des bons de réquisition ont été admis en paiement des contributions directes ; mais on a eu de plus à recevoir, sur toutes les parties, des assignats et des mandats, dont le cours variait tous les cinq jours : et comme ce changement était indiqué par un arrêté du Directoire, qui ne pouvait pas arriver simultanément dans tous les départemens, il n'y a pas eu de jour pendant lequel cette valeur, si changeante, ait été réglée au même cours dans toute la République.

Ce qu'il importe de savoir, c'est ce qu'ont produit en recette les différentes branches des revenus publics. L'évaluation des rentrées, en ce qui concerne ensuite la réduction des valeurs nominales aux valeurs réelles, devient sans objet, parce que le trésor public ayant annullé les valeurs fictives, elles deviennent ce qu'on appelle mortes pour lui.

C'est un des caractères du signe fictif semblable à celui qu'on a émis en France, qu'il n'a de valeur qu'au commencement de sa sortie, et que lorsqu'il rentre pour être annullé, son évaluation s'anéantit. De là il résulte que les comptes tenus pendant le cours du papier-monnaie, doivent être jugés plutôt par la sortie que par la rentrée. Cette proposition a cela de particulier, que, comme on en pressentait la conséquence dans le principe, on s'occupa des recettes, pendant le grand mouvement de la révolution, moins que de tout autre objet.

Je ferai connaître dans un état en deux colonnes, 1.º les contributions

(7)

et les revenus qui ont été mis en recouvrement pendant l'an 5; 2.º ce qu'elles ont produit soit en signe fictif, soit en numéraire.

Je porterai sur un autre état le montant des frais qui se prélèvent sur les recettes avant d'avoir le produit net disponible pour le trésor public; je ferai ensuite connaître ce produit net : j'indiquerai sur un troisième état, ce que chaque ordonnateur a dépensé sur ses crédits.

J'ai cru que ce travail répondait à ce que la Constitution exige, lorsqu'elle ordonne, par l'article 308, que les états des recettes des diverses contributions et de tous les revenus soient rendus publics. Ceux que je vous remets, citoyens Directeurs, auraient pu l'être plutôt; ils n'ont été retardés que parce qu'on espérait pouvoir donner au complet le compte de l'an 5. J'ai déjà dit que la chose n'était pas possible.

Mais avant de passer aux états que je viens d'annoncer, permettez-moi de reprendre l'analyse des principales dispositions législatives ou règlementaires rendues pendant le cours de l'an 5. Je dois pour cela revenir à la loi du 16 brumaire. Elle contenait, dans l'article VII, une disposition qui fait le sujet des espérances de tous ceux qui s'occupent des finances, et qui soutient encore celles de tous les citoyens. Il y est dit que, pour assurer le recouvrement d'une somme égale au montant des dépenses fixes, il sera établi des impositions indirectes jusqu'à concurrence du déficit que laisseront les produits réunis de la contribution foncière, personnelle et somptuaire, des droits de timbre, d'enregistrement et patentes, actuellement établis.

Toutes les fois qu'on a proposé au Corps législatif le principe de l'établissement des contributions indirectes, il y a applaudi, il l'a accueilli avec empressement; pourquoi faut-il qu'il ait été empêché de faire jouir la République des avantages que leur existence procure aux nations voisines? mais pourquoi arrive-t-il aussi qu'on n'en tire pas ensuite tout le parti qu'elles pourraient rendre? Ceci paraît m'écarter hors de mon sujet; je m'empresse d'y rentrer.

La détermination prise sur l'établissement des contributions indirectes exigeait un nouveau travail, parce qu'elle n'était adoptée qu'en principe; il fut présenté au Corps législatif le 18 ventôse : quelques opinions furent prononcées à la suite du rapport; les circonstances s'opposèrent à ce qu'on recueillît les fruits qu'on en attendait.

A 4

(8)

Aucune loi ne présente l'ensemble des finances sur l'an 5, ni en recette, ni en dépense.

Le timbre et l'enregistrement ont continué, pendant le commencement de l'année, à être régis par les lois rendues à la fin de l'an 4; celle du 5 floréal an 5 établit un nouveau règlement pour le timbre. Les patentes furent améliorées par des dispositions qu'on trouve dans la loi du 4 frimaire. Le Corps législatif ayant ordonné, le 2 nivôse, qu'à compter du 1.er du même mois les traitemens seraient acquittés en numéraire, il commença à ordonner aussi que le paiement des contributions et celui des revenus seraient faits de la même manière. Le 5 du même mois, le tarif des postes fut refait, et réglé en numéraire. Le 16 pluviôse, il fut déclaré que les mandats n'auraient plus de cours forcé entre les particuliers. Le 22, on régla le mode de retirement des assignats de 100 fr. A pareil jour du mois de germinal, on changea le tarif de la perception des droits sur le tabac venant de l'étranger. Le lendemain vit paraître la loi importante de l'organisation de la régie des douanes, bientôt suivie par celle qui assure des retraites à ses employés.

Le Corps législatif s'occupa, dans le mois de fructidor, de la régie des poudres et salpêtres; les deux lois qu'il rendit le 27 de ce mois et le 1.er des complémentaires, en forment le code. Cependant, le dernier trimestre de l'an 5 fut marqué par une grande mesure d'ordre, adoptée par le Directoire exécutif; je veux parler de ses deux arrêtés du 21 messidor, concernant la distribution des fonds disponibles.

L'article 318 de la Constitution porte que les commissaires de la trésorerie nationale ne peuvent rien faire payer qu'en vertu,

1.º D'un décret du Corps législatif, et jusqu'à concurrence des fonds décrétés par lui sur chaque objet;

2.º D'une décision du Directoire;

3.º De la signature du Ministre qui ordonne la dépense.

Tel avait été l'usage observé jusqu'au mois de messidor, que le Directoire exécutif prenait, immédiatement après la publication d'une loi portant ouverture de crédit, une décision qui autorisait, par une clause générale, les ordonnateurs à en faire emploi. Chacun d'eux délivrait ensuite ses ordonnances de paiement à mesure que les liquidations étaient faites, et presque toujours sans que les fonds fussent au trésor public. Cette marche avait introduit dans la circulation, des ordonnances mises en ordre de paiement, d'autres sur lesquelles on autorisait des à-comptes, d'autres enfin sur lesquelles on ne payait rien. Le crédit public ne pouvait qu'en ressentir une atteinte funeste; le Directoire exécutif changea cet état des choses autant qu'il dépendait de lui.

Par les deux arrêtés du 21 messidor, il fut statué que les commissaires de la trésorerie nationale feraient passer, tous les primedis, au Ministre des finances, l'état des fonds disponibles dans le trésor national et dans les autres caisses de la République; que les Ministres enverraient, le nonidi de chaque décade, à celui des finances, l'état des paiemens qu'ils croiraient les plus urgens pour la décade suivante; et que le Directoire, sur le vu des états mentionnés ci-dessus, rendrait une décision pour autoriser la trésorerie à payer jusqu'à concurrence des sommes disponibles; étant réglé que chaque ordonnateur se renfermerait dans les sommes portées dans le tableau de répartition. Le Directoire exécutif, je ne crains pas de le dire, a pris ce même jour le véritable timon des affaires de finance; il s'est mis à portée de connaître, chaque décade, la situation du trésor public; et je n'ai jamais manqué à lui rendre compte, en même temps, de la situation de toutes les branches des produits et revenus : j'en fournirai la preuve dans le compte de l'an 7. Chaque décade, le Directoire a su ce que chaque Ministre demandait pour ses dépenses; celui de la guerre a cru qu'il n'était pas aussi strictement obligé que les autres à faire connaître le détail de ses besoins, parce qu'ils étaient plus nombreux, et parce qu'on lui accordait toujours moins qu'il ne lui fallait. Le Directoire a distribué à chacun d'eux les sommes dont on pouvait se servir : si elles eussent été suffisantes, l'ordre adopté eût été porté à sa perfection, et l'exercice eût été soldé au plus tard dans les trois premiers mois de l'année suivante. On sait qu'il ne l'a pas été; l'équilibre entre les recettes et les dépenses n'a jamais existé, soit par le défaut de lois, soit par la faute des circonstances. L'état des fonds n'a pas eu d'ensemble; mais on s'est avancé vers un meilleur ordre de choses; l'exercice de l'an 6 le prouve.

Je dois porter actuellement l'attention du Directoire sur la partie de l'aliénation des domaines. J'ai suivi, pendant l'an 5, l'exécution des lois rendues pour mener à son terme celle du 28 ventôse an 4, concernant la vente par voie de soumission et en mandats territoriaux. Ce mode fut arrêté par l'article II de la loi du 20 fructidor an 4, qui nous ramena à la procédure des enchères ; elle annonçait que les formes en seraient incessamment prescrites : elles le furent par la loi du 16 brumaire.

Ses dispositions, étendues pour la première fois aux départemens réunis, décidèrent que les enchères seraient ouvertes sur une estimation égale ou aux trois quarts des anciennes évaluations, ou bien à quinze fois le revenu, et que le prix en serait payé de la manière suivante : la première moitié de la mise à prix en numéraire ou obligations, et tout le surplus en dette publique. La loi du 2 ventôse rendit les bons du quart des rentes applicables à la première partie, et les bons des trois quarts à la seconde.

Un autre mode fut introduit par la loi du 9 germinal, pour la vente des maisons et usines : il fut réglé alors que la mise à prix fixée à quinze fois le revenu, ainsi que tout le produit des enchères, seraient payables en entier en inscriptions au grand-livre de la dette publique perpétuelle, calculées sur le pied de vingt fois le montant de la rente.

Le mode de paiement prescrit par la loi du 16 brumaire fut encore modifié par celle du 2 fructidor, relative principalement à celui du paiement des domaines situés dans la ci-devant Belgique.

On a tenu des états particuliers des ventes faites en exécution des lois des 16 brumaire et 9 germinal ; ils sont relatifs à celles qui ont été consommées antérieurement à la promulgation de la loi du 9 vendémiaire an 6, qui change le système en entier, et dont la date est assez rapprochée du commencement de l'année, pour qu'on puisse regarder tout ce qui lui est antérieur comme appartenant à l'an 5. Le Directoire exécutif les a annexés au message qu'il a adressé au Conseil des Cinq-cents le 5 messidor dernier.

On y voit, 1.º que le nombre des ventes faites en exécution de la loi du 16 brumaire, s'est élevé à cinq mille cinq cent quinze ;

2.º Que le montant de la mise à prix était de 66,810,236 fr. ;

3.º Que le total du prix d'adjudication s'est élevé à 173,143,387 fr.

4.º Que le nombre des ventes faites en exécution de la loi du 9 germinal a été de quatre cent vingt-neuf.

5.º Que le montant de la mise à prix étoit de 10,860,382 fr. ;

(11)

6.º Que les adjudications se sont élevées à 27,017,835 fr.;

On trouvera, dans les états joints à ce rapport, ce qui a été recouvré sur ce produit.

Les ventes du département de la Seine étaient faites par un bureau particulier ; je proposai au Directoire exécutif de le supprimer à la date du 1.er vendémiaire an 6, et de réunir ses attributions à l'administration centrale : cela fut fait.

En passant des contributions aux domaines, j'ai porté l'attention du Directoire sur deux objets qu'on distingue dans les finances; les impositions et les revenus : on comprend dans cette dernière classe, les monnaies, les postes, et les poudres et salpêtres; ces trois objets sont classés dans les attributions du Ministre des finances. Je vais rendre compte de ce qui a été fait à leur égard pendant l'an 5.

Il n'avait été fabriqué pendant l'an 4 que 15,920,305 fr. en argent, et 4,385,448^f 95^c en monnaie de cuivre.

La fabrication de l'an 5 s'est élevée à 25,470,980 fr. en argent, et à 8,711,789^f 45^c en monnaie de cuivre. Un grand changement a été fait sur cette dernière valeur, le poids intrinsèque de tout ce qui avait été frappé antérieurement au type de la République, fut doublé par la loi du 3 brumaire an 5. Son exécution fit rapporter à la monnaie 385,952 kilogrammes de pièces déjà frappées, et qui l'ont été de nouveau à la nouvelle taille. Elles font partie de l'émission de l'an 5.

La fabrication et l'administration des monnaies ont besoin de quelques lois nouvelles; le Directoire les demanda par un message du 5 germinal an 5. Plusieurs rapports ont été faits sur cet objet, mais la détermination n'est pas encore arrêtée. Il est nécessaire de décider définitivement quelques questions relatives à la fabrication de l'or, aux empreintes, et à l'émission d'une pièce d'argent inférieure à la valeur du franc : il est nécessaire de poser aussi les principes à suivre dans la comptabilité : le moyen le plus simple serait de porter tout le produit en recette au trésor public et de faire ensuite ordonnancer par le Ministre des finances, sur le rapport de l'administration, tous les articles de dépenses. Ce mode devrait peut-être aussi être étendu à toutes les régies; il ne devrait y avoir d'exceptions qu'à l'égard des traitemens qui sont accordés par remises à tant le franc. L'administration des monnaies a eu, à l'époque de l'établissement du nouveau système, à surveiller la restauration des ateliers conservés : elle a fait transporter celui de l'argue, qui était autrefois près de la porte Denis à Paris, dans le nouveau local réuni à l'hôtel des monnaies. Elle a tout préparé pendant l'an 5 pour en venir à la loi long-temps attendue, et rendue le 19 brumaire an 6, sur le droit de garantie des matières d'or et d'argent : cette branche des revenus publics était devenue presque nulle dans le cours de la révolution ; elle ne s'était soutenue qu'à Paris, et ce n'était même qu'en apparence. Les recettes pendant l'an 5 se sont élevées à 61,073^f 90^c, et la dépense à 31,642^f 29^c ; il a resté en bénéfice 29,439^f 61^c. L'administration en comptera pour l'an 6 ; la régie de l'enregistrement en est chargée pour l'avenir.

J'ai rappelé l'attention des Corps administratifs sur la partie du métal des cloches : de nouvelles visites ont été ordonnées ; et l'approvisionnement de la marine et des hôtels des monnaies ayant été assuré, il a été passé deux marchés, l'un avec la compagnie *Lannoy*, qui l'a bientôt abandonné, et l'autre avec les entrepreneurs de la fonderie du Creuzot, par lequel ils se sont obligés à prendre tout le métal de cloche qui pourrait exister, au prix de 10 sous la livre. Cet objet n'est pas terminé ; on trouve tous les jours quelques restes de parties de métal, ou des cloches dérobées aux recherches antérieures. Les comptes tenus pendant l'an 5 constatent que les quantités trouvées dans le cours de cette année et antérieurement, s'élevaient à 27,442,852 livres pesant.

La partie des postes, comparée à ce qui s'était fait pendant l'année précédente, a changé du tout au tout, par l'effet de la loi qui a fait payer les ports de lettres en numéraire ; cependant, il ne faut pas croire qu'elle ait été portée au *maximum* de son produit ni à sa perfection. De nouvelles lois sont pour cela nécessaires ; elles ont été demandées.

L'administration des postes a été composée, comme dans l'an 4, de trois parties, qui, quoique réunies, peuvent et doivent être distinguées ; la poste aux lettres, la poste aux chevaux, et les messageries.

A mesure qu'on a pu obtenir quelques économies, on l'a fait. Le nombre des employés à Paris, qui était, au commencement de l'année, de treize cent vingt-trois, était réduit, au 1.er vendémiaire suivant, à douze cent six ; cinquante trois bureaux ont été supprimés comme inutiles.

La poste aux chevaux avoit coûté en l'an 4, par suite de la loi du

(13)

3 germinal an 3 , qui avait admis les entrepreneurs des relais à compter
de clerc à maître, 1,397,000 fr., valeur réduite; elle n'a coûté en l'an 5
que 168,843 l. 12 s. Il reste véritablement quelques indemnités à liqui-
der. On était encore obligé, à l'époque du 1.er vendémiaire an 5, de
tenir en régie quinze relais, et d'y entretenir cent quarante chevaux; on en
fut dispensé à l'époque du 1.er vendémiaire an 6 : on fut redevable de
ce changement, aux lois rendues sur les demandes du Directoire, et à
la surveillance active de l'administration. On verra, dans le tableau des
produits, ce que les trois parties des postes ont rendu et dépensé. On
pourrait croire, en comparant l'un et l'autre, que les messageries ont été
en perte : je dois observer que ce serait une erreur; mais je dois dire
aussi qu'il n'y a presque pas eu de bénéfices, attendu que, dans les premiers mois, on ne recevait que du signe fictif; la différence apparente qui se
trouve en moins, provient de ce que la trésorerie n'a pas payé le transport
des fonds publics; la Régie serait plus que couverte, si cet article était réglé.

Les poudres et salpêtres ont été encore, pendant l'an 5, régis comme
les années précédentes; en ce sens que le Ministre des finances a
ordonnancé leurs dépenses sur les fonds mis à sa disposition. Ce n'est
que pendant l'an 6 qu'on a pu faire l'application des lois du 27 fructidor
et du 1.er jour des complémentaires de l'année précédente, en exécution
desquelles les Ministres de la guerre et de la marine ont été tenus de
payer et d'imputer sur leurs crédits la valeur des poudres qui leur étaient
fournies. Cette branche de l'administration publique présenterait un bénéfice sur l'an 5 , si l'on évaluait ce qui a été fourni à ces deux Ministres.

Le premier a reçu 2,347,595 livres de poudre.
Le second. . . . . . 737,366.

Total. . . . . 3,084,968 livres.

Les recettes de la régie provenant de quelques ventes faites pour les
établissemens d'industrie, ou d'une partie de ses anciens matériaux
devenus inutiles ou hors de service, se sont élevées :

	Mandats,	*Numéraire,*
à	625,143^f 00^c	562,956^f 06^c
Le dépense à	2,348,730. 96.	1,500,013. 60.
Le déficit a été de	1,723,587. 96.	937,057. 60.

Ce déficit a été couvert par des ordonnances du Ministre des finances. La dépense de la régie, calculée en valeur numéraire, s'est élevée à 997,742^f 25^c; elle avait employé en l'an quatre 1,665,438^f 80^c.

Il y a une différence en moins de 667,695^f 55^c. Ce n'est pas une économie; l'état des approvisionnemens a diminué d'autant; et si la situation du trésor public l'eût permis, on lui eût fourni de plus grands secours. Il est à desirer, pour le bien du service, que les Ministres qui consomment les produits de la régie des poudres et salpêtres, puissent les payer exactement; alors on aura des approvisionemens suffisans, et même des bénéfices si la vente aux particuliers n'éprouve pas d'empêchement.

Je devrais parler actuellement de la situation de la liquidation de la dette publique: les détails que je viens de donner dans le compte de l'an 6, font que je puis me borner à m'y référer; mais je dois, citoyens Directeurs, vous entretenir de ce qui a été fait à l'égard des pays conquis. Je commencerai par ceux de la rive gauche du Rhin.

Par un arrêté du 23 floréal an 4, le Directoire exécutif avait substitué au régime établi par le comité de salut public, l'administration de deux directeurs généraux de finances, l'un pour le pays d'entre Meuse et Rhin, l'autre pour celui d'entre Rhin et Moselle : le C.^{en} *Poisssant* fut envoyé dans le premier ; le C.^{en} *Bella* dans le second ; celui-ci fut remplacé, pendant l'an 5, par le C.^{en} *Holtz.*

Deux autres arrêtés, en date des 6 et 19 ventôse an 5, supprimèrent cette organisation, et mirent ces deux contrées sous l'autorité militaire des généraux en chef des deux armées qui l'occupaient.

Le général de l'armée de Sambre-et-Meuse divisa d'abord, par un arrêté du 16 prairial, le pays dont il était chargé de surveiller l'administration, en sept arrondissemens subordonnés à une commission intermédiaire : il confia la partie des recettes au C.^{en} *Durbach.*

Le général en chef de l'armée de Rhin-et-Moselle laissa subsister le système antérieurement établi par le Directoire ; le C.^{en} *Holtz* fut maintenu dans ses fonctions.

Les deux armées étant passées sous le commandement du général de celle de Sambre-et-Meuse, il étendit sur la rive droite de la Moselle, le régime qu'il avait déjà organisé sur la rive droite du Rhin : mais son successeur, général en chef de l'armée qui occupait tout le cours du

Rhin, prit, le 7 brumaire an 6, un arrêté par lequel le pays conquis fut distribué en quatre départemens. Le Directoire exécutif nomma, bientôt après, un commissaire qui fut chargé d'organiser ce pays d'après les principes du régime constitutionnel : il le plaça sous la surveillance immédiate du Ministre de la justice.

Des contributions de différentes natures ont été établies dans cette contrée ; elles l'ont été toutes pour l'utilité des armées qui la défendaient ; et les produits en ont été versés ou chez les payeurs, ou dans les magasins. Les biens du clergé ont été successivement pris et restitués. Quelques abonnemens avaient été faits avec plusieurs villes ; quelques arrondissemens avaient reçu la promesse de n'avoir plus rien à payer pour l'arriéré, s'ils soldaient le nouveau contingent demandé. Cependant la régie de l'enregistrement est parvenue à établir successivement dans les quatre nouveaux départemens, toutes les perceptions qu'elle utilise dans l'intérieur de la République. Le commissaire du Directoire a mis le système des contributions directes, tel que nous l'avons, à la place des anciennes taxes, qui changeaient presque d'un lieu à l'autre, parce que ce pays appartenait à différens souverains. Je suis informé que le Ministre de la justice a prescrit aux administrations centrales de régler et d'apurer tout ce qui tient à l'ancienne comptabilité. On trouvera, dans les comptes qu'il en publiera, tous les résultats qu'on peut desirer : ceux que j'ai obtenus pendant l'an 5 (je déclare qu'ils ne sont pas complets, et que je manque principalement de renseignemens sur ce qui a été fourni par voie de réquisition), m'apprennent que ce pays a produit pendant l'an cinq 7,793,457^f 13^c.

Il a été procédé à un premier règlement de compte général avec le receveur du domaine appartenant à la République sur le territoire batave ; il a été reconnu que sa recette, pendant l'an 5, s'est élevée à 197,778 florins 7^s 11^d ; sa dépense en pièces comptables, à 45,195 florins 1^s ; ses versemens en effectif, à 152,501 florins 18^s 13^d ; ce qui représente 304,000^l environ. Il restait un vide en caisse, duquel il a été compté en l'an 6.

Le compte remis est à la révision.

Les autres pays conquis par les armées, ont eu pendant l'an 5 un régime particulier, qui a fourni à une partie des dépenses de la guerre, mais qui n'a pas procuré de secours directs à la trésorerie nationale. La correspondance tenue à ce sujet est déposée au Ministère des finances ; les pièces justificatives de l'agent nommé par le général en chef dans l'Italie, y sont parvenues depuis quelque temps. Ce compte aura besoin, pour son exactitude, d'être contrôlé par ceux des payeurs de l'armée ; les circonstances n'ont pas encore permis ni de les réunir, ni, encore moins, de les confronter.

Je vais mettre sous vos yeux, Citoyens Directeurs, les trois états dont j'ai déjà parlé. Ils font connaître,

1.° Le produit brut de toutes les recettes ;

2.° Les déductions à faire pour avoir le produit net disponible ;

3.° L'emploi qui en a été fait sur les crédits des différens ordonnateurs.

On joindra à ce rapport sur la situation des finances pendant l'an 5, l'état des ordonnances que j'ai délivrées, comme ordonnateur particulier, sur les crédits ouverts par le Corps législatif. J'observe que, quoiqu'il ne soit imprimé qu'actuellement, le Corps législatif a connu toutes les dépenses que j'ai ordonnancées, aux époques correspondantes à leurs dates, au moyen de l'envoi officiel que vous lui avez fait tous les mois, des états déposés dans les cartons des commissions.

Paris, le 1.er thermidor, an 7 de la République française, une et indivisible.

Le Ministre des Finances,

D. V. RAMEL.

N.º 1.

ÉTAT *des Contributions et Revenus mis en recouvrement pendant l'an 5, et de leur Produit.*

Arriéré des contributions directes......................	528,979,378ᶠ
Cinquièmes provisoires sur l'an 5....................	84,498,040.
Enregistrement..	82,143,238.
Timbre..	12,735,068.
Hypothèques..	907,523.
Amendes et peines pécuniaires......................	3,488,679.
Patentes..	84,442,758.
Bois nationaux......................................	32,984,882.
Salines et canaux..................................	2,397,831.
Épaves et deshérences..............................	390,456.
Revenus des biens saisis	1,712,633.
Expédition des actes de l'état civil, à Paris.........	67,684.
Recettes diverses..................................	11,690,898.
Fermages des domaines nationaux....................	75,352,819.
Créances et remboursemens..........................	12,344,955.
Prix de vente du mobilier..........................	9,769,926.
Prix de vente des immeubles........................	1,425,196,200.
Douanes..	24,404,147.
Poste aux lettres..................................	26,305,393.
Messageries..	6,090,850.
Poudres et salpêtres................................	1,188,099.
Monnaies, les pièces de cuivre comptées............	8,971,152.
Marque d'or et d'argent............................	61,073.
Pays conquis sur le Rhin............................	7,793,457.
Domaines dans la Hollande..........................	395,556.
TOTAL......................................	**2,444,312,695.**

N.º 2.

ÉTAT des déductions à faire sur le *Produit brut* des *Contributions*
et *Revenus* de l'an *5.*

Sous additionnels sur l'arriéré des contributions, calculés
sur le pied de 4 sous pour livre pour les dépenses locales
et administratives. . . . . 105,795,875.

Idem sur les contributions directes de l'an 5 . . . . 16,899,608.

Restitutions sur l'enregistrement, le timbre et les patentes. . . 803,883.

Restitutions sur les revenus des domaines. . . . . 2,323,112.

Restitutions sur le prix des ventes. . . . . 71,097,001.

Paiement des amendes attribuées et aumônes. . . . . 959,297.

Achat de papier timbré, timbre et filigranes. . . . . 721,977.

Traitemens des Receveurs de la régie et des hypothèques. 7,212,959.

Traitemens des Employés supérieurs et du timbre. . . . . . . 19,352,987.

Traitemens des Agens forestiers, salines et canaux. . . . . 9,313,069.

Menues dépenses du timbre. . . . . 171,212.

Ports de lettres et ballots de la régie des domaines. . . . . 348,595.

Impressions et reliures. . . . . 631,403.

Frais de procédures. . . . . 307,935.

Frais de gardiens. . . . . 3,062,497.

Frais de culture et réparation des domaines. . . . . 5,431,173.

Frais de visite, arpentage, estimations et ventes. . . . . 2,846,552.

Charges locales et contributions acquittées. . . . . 7,169,496.

Rentes dues par les émigrés. . . . . 319,411.

Secours aux parens des émigrés. . . . . 1,400,811.

Attributions sur les patentes. . . . . 2,100,370.

Indemnité des dixmes, et secours aux religieux des dépar-
temens réunis. . . . . 729,278.

Dépenses des assemblées électorales. . . . . 727,662.

____

259,726,163.

Ci-contre	259,726,163ᶠ
Dépenses relatives aux biens saisis réellement	1,404,110.
Récépissés des Gardes-magasins pour denrées	6,419,728.
Exécutoires pour frais de justice	17,442,414.
Frais de la régie des douanes	9,096,842.
Dépenses de la poste aux lettres	8,766,274.
Dépenses des messageries	3,815,450.
Dépenses de la poste aux chevaux	168,843.
Dépenses des poudres et salpêtres	997,742.
Dépenses des monnaies *Mémoire à régler.*	
Dépenses de la marque d'or et d'argent	31,642.
Dépenses des domaines dans la Hollande	90,390.
T O T A L	307,959,598.

BALANCE de la Recette et de la Dépense pour les frais.

Recette en produit brut	2,444,312,695.
A déduire pour les frais	307,959,598.
R E S T E en produit net	2,136,353,097.

ON pourra demander quelle est la somme rentrée en numéraire sur le produit net. Cet article a été surveillé avec beaucoup de soin ; les recherches faites sont consignées dans des calculs immenses ; je me contente de citer l'article suivant : La régie a dépensé pour ses frais, en numéraire 34,338,637 francs, et en mandats 127,958,295 francs. Je pourrais donner de pareilles distinctions sur la plupart de ses articles de recette ; mais lorsque je suis obligé de prendre en considération que quelques valeurs fictives ont été calculées au pair des valeurs réelles, et confondues avec elles, je suis contraint de mettre de côté tous les états, et de m'en remettre à des calculs approximatifs : le plus rapproché m'annonce qu'il a été recouvré en numéraire 340 millions environ, y compris le produit de 10 millions environ en négociations.

N.º 3.

ÉTAT du montant des crédits ouverts pour les dépenses de l'an 5, de ce qui avait été payé, et de ce qui restait à ordonnancer à la fin de l'année.

DÉSIGNATION des ORDONNATEURS.	MONTANT des CRÉDITS OUVERTS.	PAIEMENS FAITS.	RESTE A ORDONNANCER.
Corps législatif....	6,777,766.	5,182,713.	1,595,053.
Directoire exécutif..	1,500,000.	1,375,000.	125,000.
MINISTRES			
de la Justice.....	5,745,885.	4,979,065.	766,820.
des Finances......	12,423,052.	7,457,877.	4,965,175.
de l'Intérieur.....	86,312,222.	36,707,877.	49,604,444.
de la Guerre.....	340,788,614.	207,123,179.	133,665,435.
de la Marine.....	104,000,000.	67,851,089.	36,148,911.
des Relations extér..	4,189,357.	2,463,138.	1,726,219.
de la Police générale.	1,300,000.	899,779.	400,221.
Trésorerie nationale,	4,712,001.	2,166,477.	2,545,524.
Comptabilité.....	672,658.	505,651.	167,007.
Dette publique....	*Mémoire.*		
TOTAUX...	568,421,555.	336,711,746.	709,809.

DE L'IMPRIMERIE DE LA RÉPUBLIQUE. Brumaire an VIII.

www.ingramcontent.com/pod-product-compliance
Lightning Source LLC
LaVergne TN
LVHW010129060726
842524LV00005B/1812